An-26

11030

An 26
Krzysztof Barcz
Dariusz Warszawski

First Edition
Lublin 2006

Photos:
Krzysztof Barcz, Adam Gołąbek,
Dariusz Warszawski

Photos on the cover:
Dariusz Warszawski

Series Editor:
Michał Kuchciak

English text: Tomasz Szlagor

Proof reading: Karolina Żukowska

Design: KAGERO STUDIO
Tomasz Gąska

OW KAGERO
ul. Mełgiewska 7-9
20-952 Lublin
tel./fax (+48) 081 749 11 81
tel. (+48) 081 749 20 20

e-mail: kagero@kagero.pl
marketing@kagero.pl
www.kagero.pl

ISBN 83-60445-19-2

The Antonov An-26 (NATO reporting name "Curl") was originally designed for "Aeroflot" – the Russian national airline and biggest carrier in Russia – to meet its requirement for a light passenger/cargo transport aircraft capable of replacing its ageing fleet of Li-2s and Il-14s. The development of such an aircraft commenced as early as the late fifties at the Antonov design bureau. This early work resulted in the creation of the An-24, a 44-seat twin-turboprop transport. First flown in 1959, it was ordered into production in 1972, and soon became a valued acquisition for local airlines. The design dominated air-passenger transport in the USSR over medium haul distances. In the meantime, the Antonov design bureau had begun work on a military version of the aircraft. Its fuselage was slightly reshaped and fitted with a rear-loading ramp. Designated An-24 TW, it first flew on 21st May 1969. The aircraft proved to be a very effective means of transporting up to 40 troopers and light combat vehicles (up to 5 tons in weight). Furthermore, it could equally well serve as an airborne ambulance, with enough room to accommodate 24 injured personnel on stretchers whilst operating from forward landing grounds.

In 1969 a machine from the pre-production series was demonstrated at the 25th Paris Salon, provoking great interest amongst potential buyers. The success of the An-24's export version was assured. Branded the **An-26**, it was put into mass production at Antonov's Kiev plant towards the end of 1969. The aircraft featured a highly original means of augmenting thrust – an auxiliary powerplant (a dry thrust Tumanskii RU-19A-300 turbojet of 8.8 kN thrust) was housed in the rear part of the starboard engine nacelle. Under normal operating conditions this additional turbojet engine serves as a starter motor for the An-24 WT's main engines, but whenever the aircraft is on a short runway and/or overloaded, the RU-19A-300 provides much needed extra thrust on take-off. Of interest is the fact that the rear-loading ramp can be operated in two modes. When the aircraft is on the ground, it serves as a regular platform for unloading the cargo bay: when the machine is involved in a parachute airdrop, the ramp can be slid beneath the fuselage to give more room.

The An-26 was reliable, simple to operate and performed well in the air. Thanks to these qualities it quickly became an export hit for the Kiev plant. Before it was phased out of production in 1978, some 1400 AN-26s had rolled off the assembly lines. Amongst the many operators of this versatile design were: Afghanistan, Algeria, Bulgaria, China, Congo, Cuba, Czech Republic, Ethiopia, Germany, Hungary, Iraq, Laos, Libya, Mozambique, Peru, Poland, Romania, Somalia, Syria, Tanzania, Zambia, Yugoslavia – and, obviously, the numerous republics of the Soviet Union.

Krzysztof Barcz

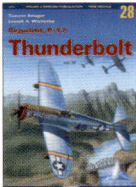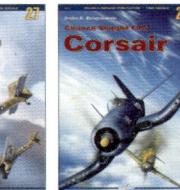

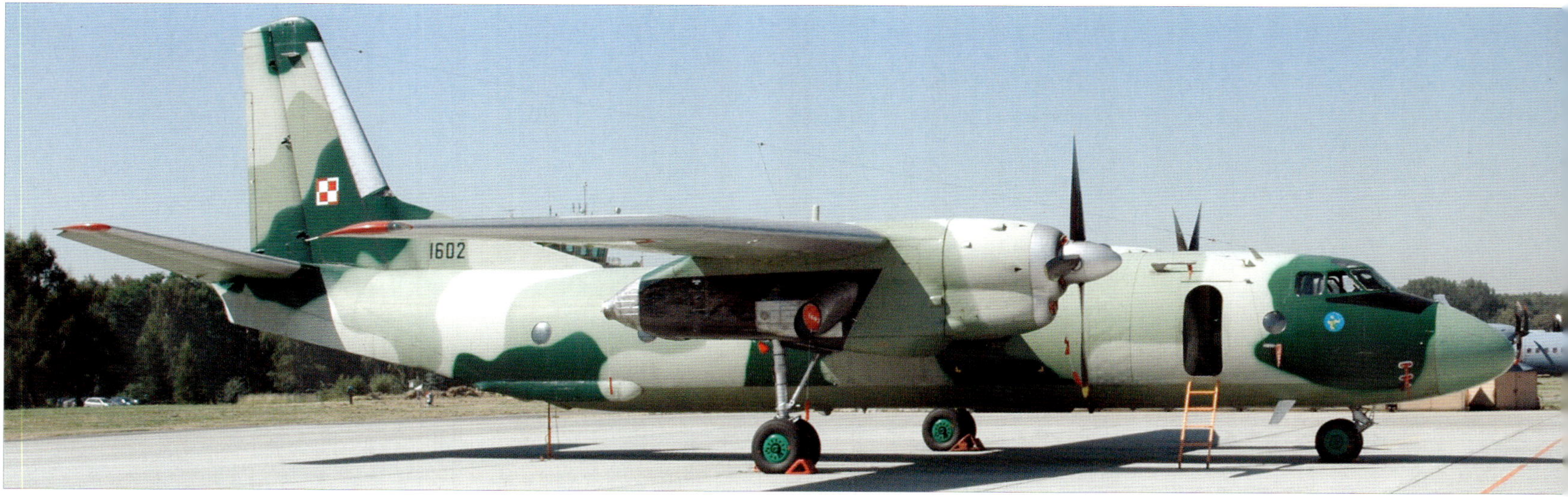
1602

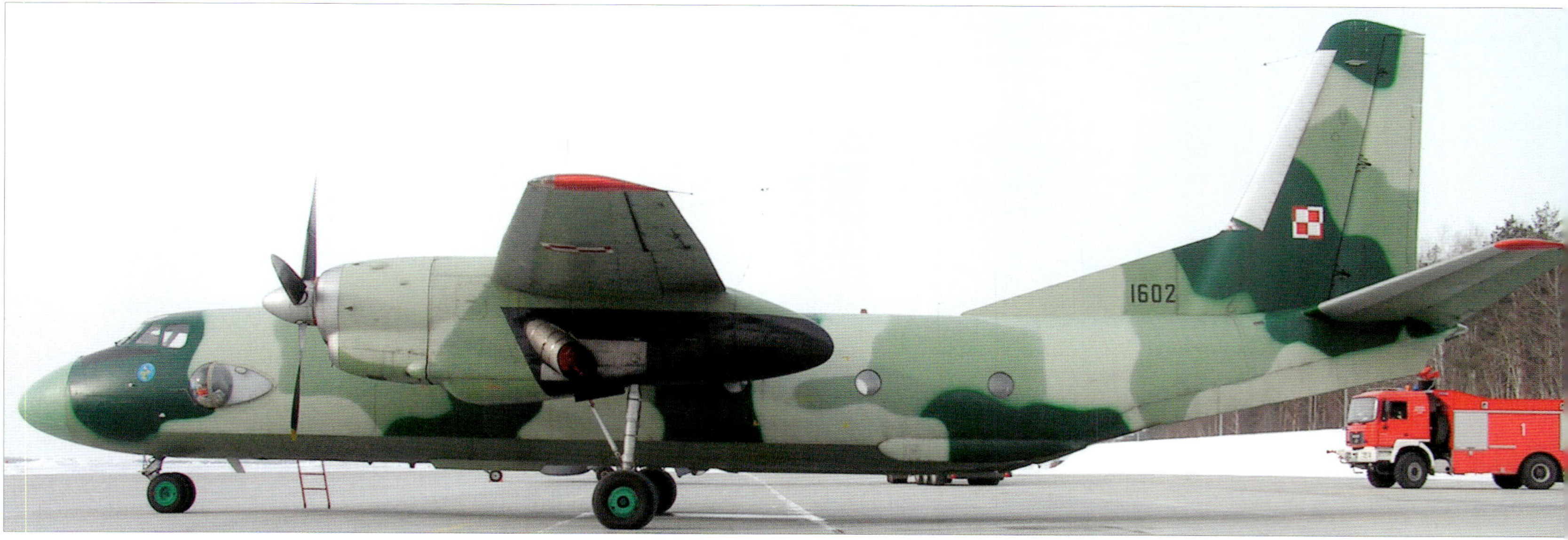
1602

Adam Gołąbek

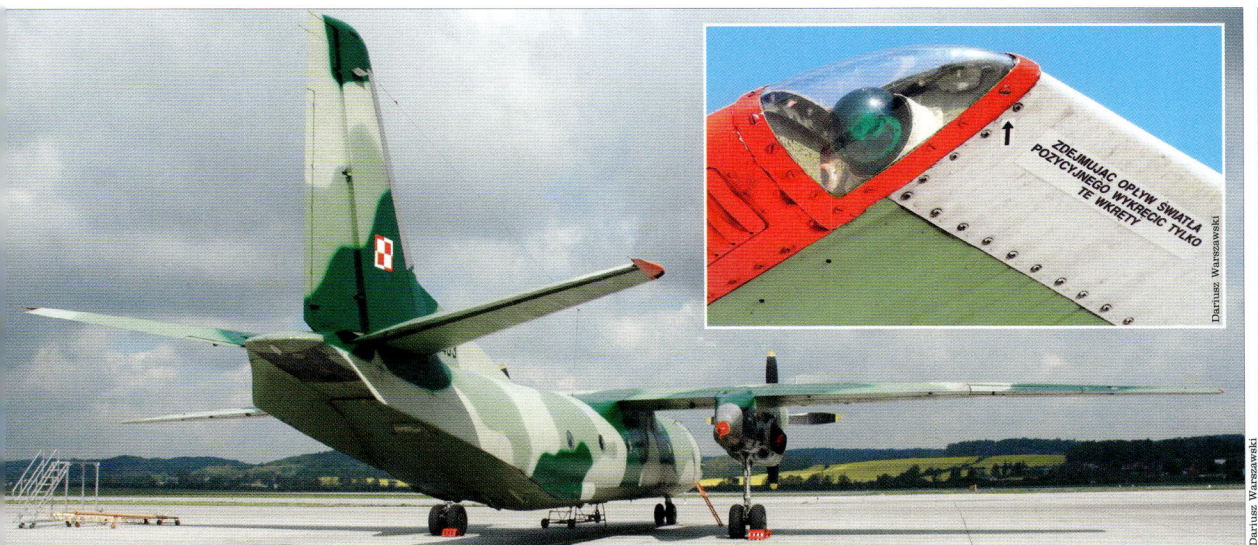

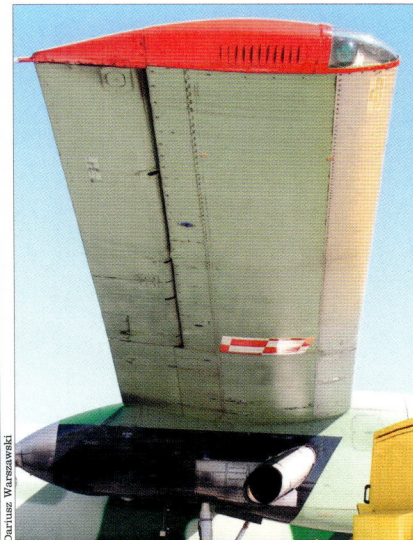

ZDEJMUJĄC OPŁYW ŚWIATŁA
POZYCYJNEGO WYKRĘCIĆ TYLKO
TE WKRĘTY

Dariusz Warszawski

Dariusz Warszawski

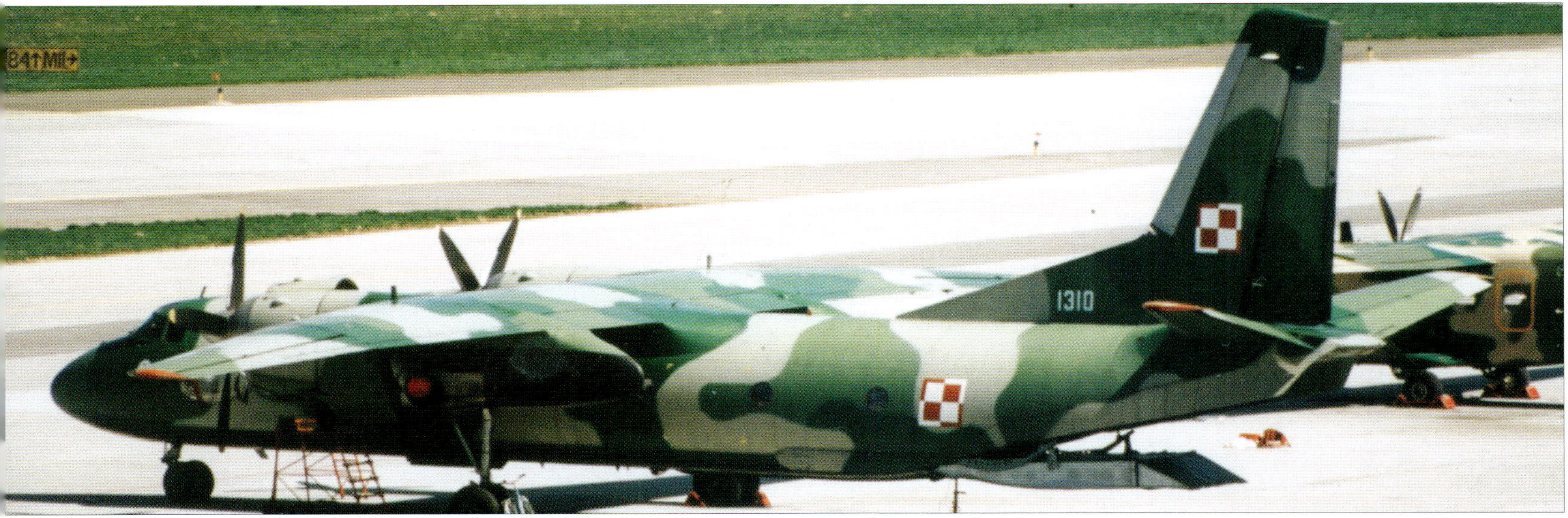
B4↑MIL→
1310

Slovakian An-26 • Słowacki An-26

Front section of the fuselage with raised radome • Część dziobowa z podniesioną osłoną stacji radiolokacyjnej

Krzysztof Barcz

Tail assembly; close-up of the tailplane • Ogon wraz ze statecznikiem poziomym

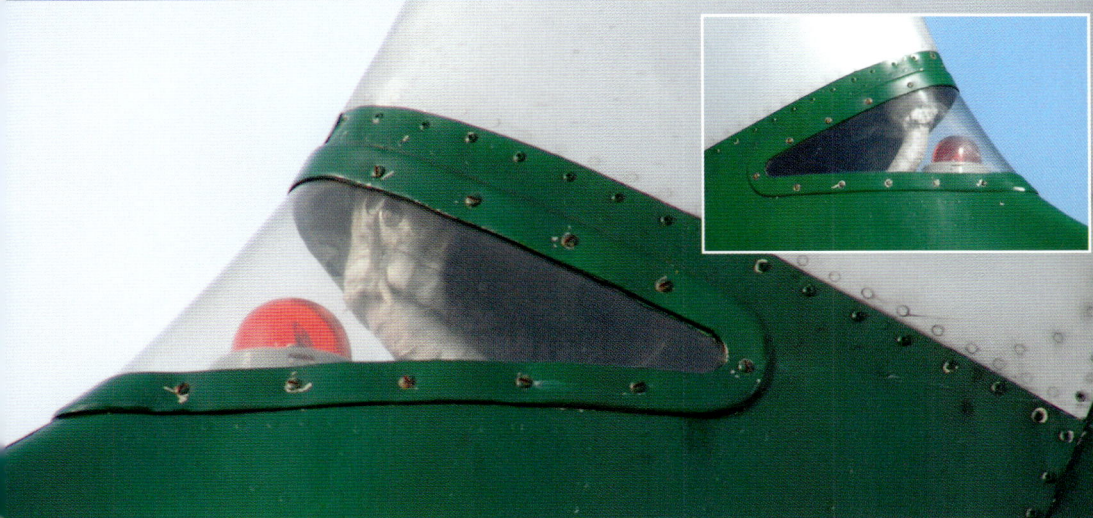

Tailfin and anti-collision light • Statecznik pionowy i światło antykolizyjne

Pilots' cockpit • Kabina pilotów

Central section of the instrument panel fitted with radar display; roof switch panel •
Środkowa cześć tablicy przyrządów z monitorem stacji radiolokacyjnej, zestaw prze-
łączników podsufitowych

Pilots' instrument panel • Tablica przyrządów pilotów

Central section of the pilots' instrument panel • Centralna tablica w kabinie pilotów

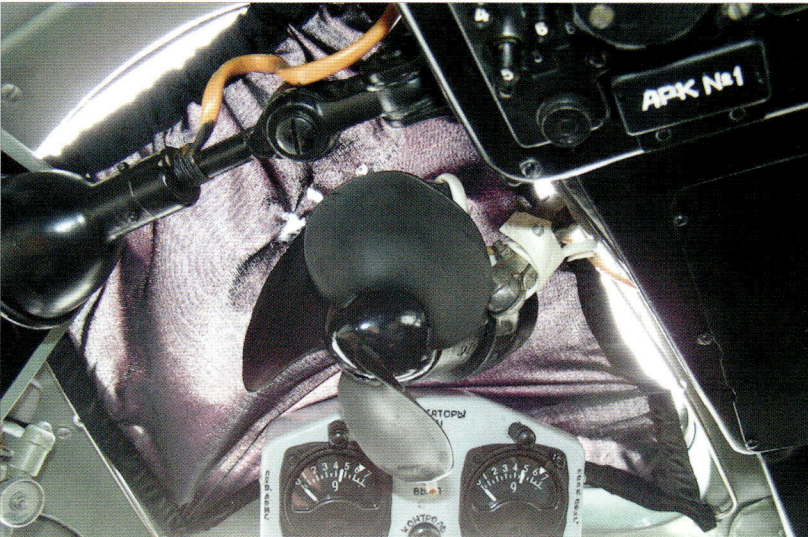

First pilot's
control
wheel and
side switch
panels; venti-
lating fan •
Wolant pier-
wszego pilo-
ta i panele
boczne
z przełącz-
nikami,
wentylator

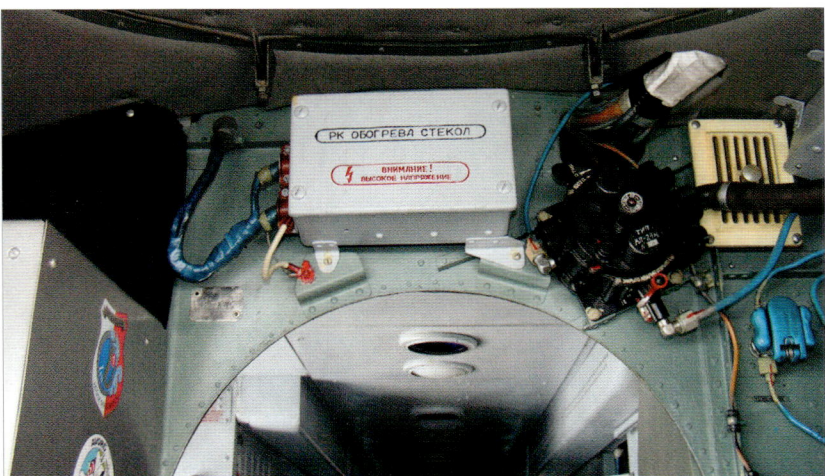

Oxygen installation regulator; pilots' cockpit roof; central panel with levers operating flaps and throttles • Reduktor Instalacji tlenowej, sufitowa cześć kabiny pilotów, centralny panel sterowania silnikami i klapami

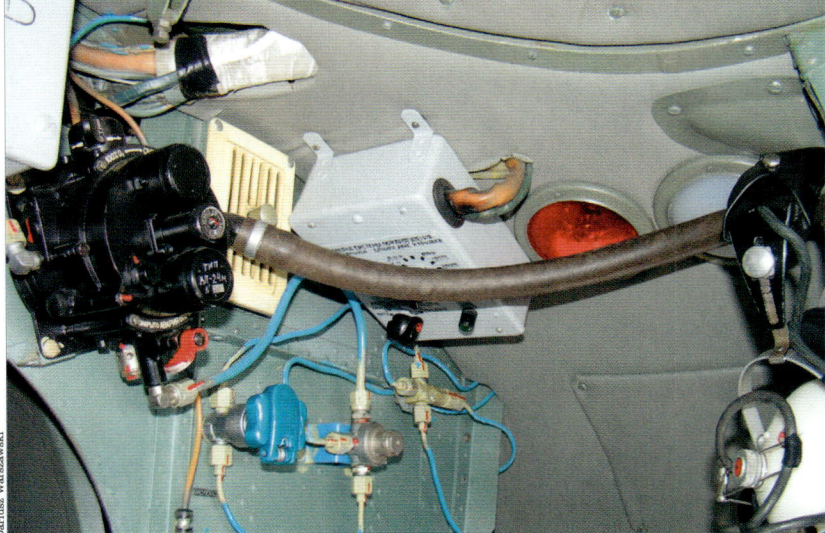

Second pi-
lot's station
• Wyposaże-
nie kabiny
drugiego
pilota

Radio operator's top panel • Panel górny radio-telegrafisty

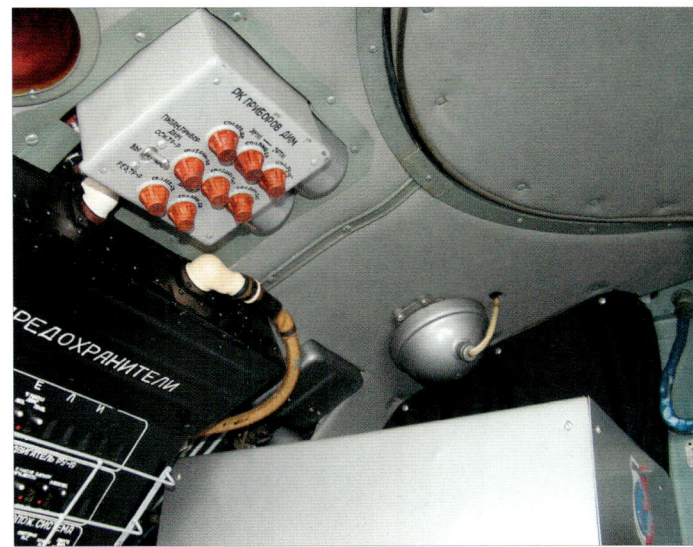

Radio operator's oxygen installation regulator, fuse and interior lights' panels • Reduktor tlenowy radio-telegrafisty, panele bez-pieczników i świateł wewnętrz-nych

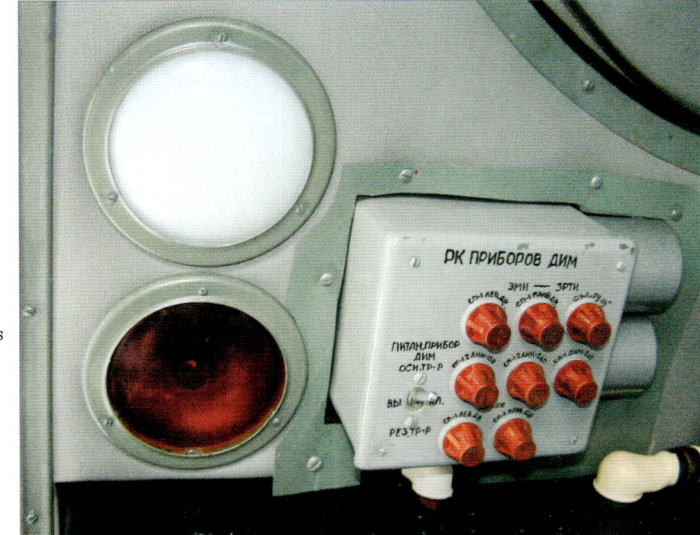

Radio operator's station • Stanowisko pracy radiotelegrafisty

Krzysztof Barcz

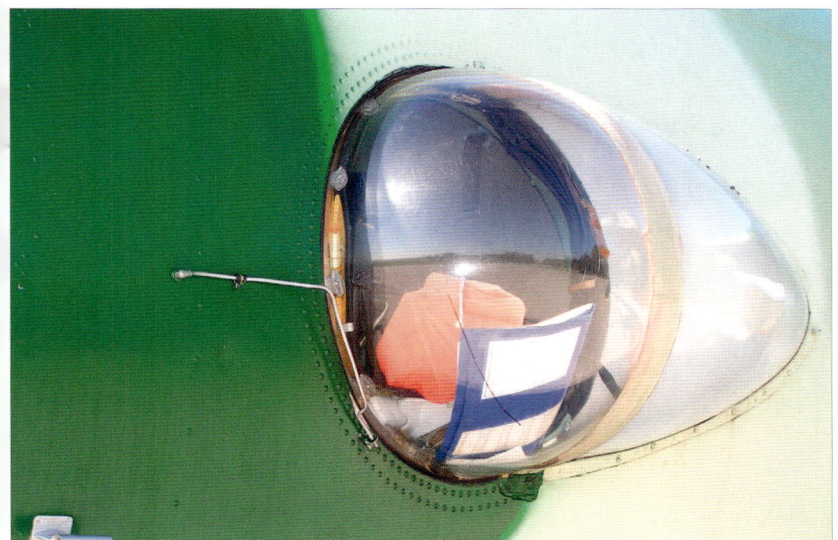

Teardrop-shaped window and navigator's station • Okno kuliste oraz stanowisko pracy nawigatora pokładowego

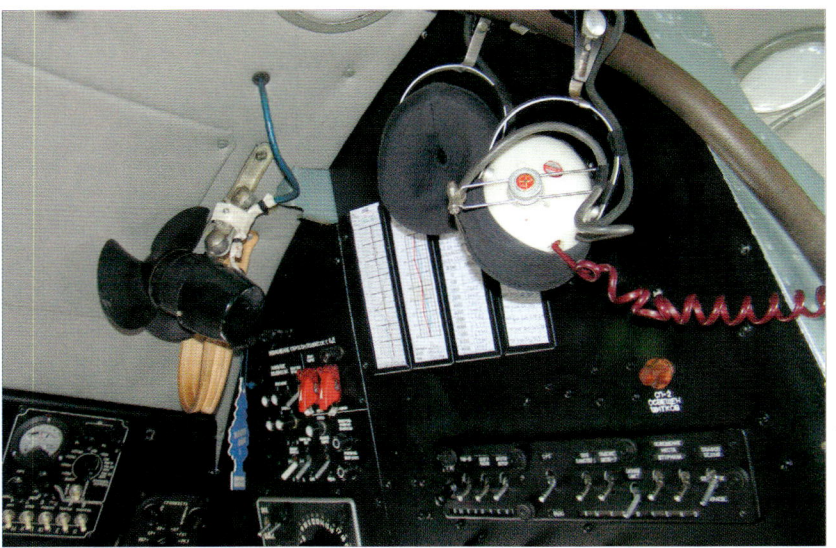

Navigator's station • Stanowisko pracy nawigatora pokładowego

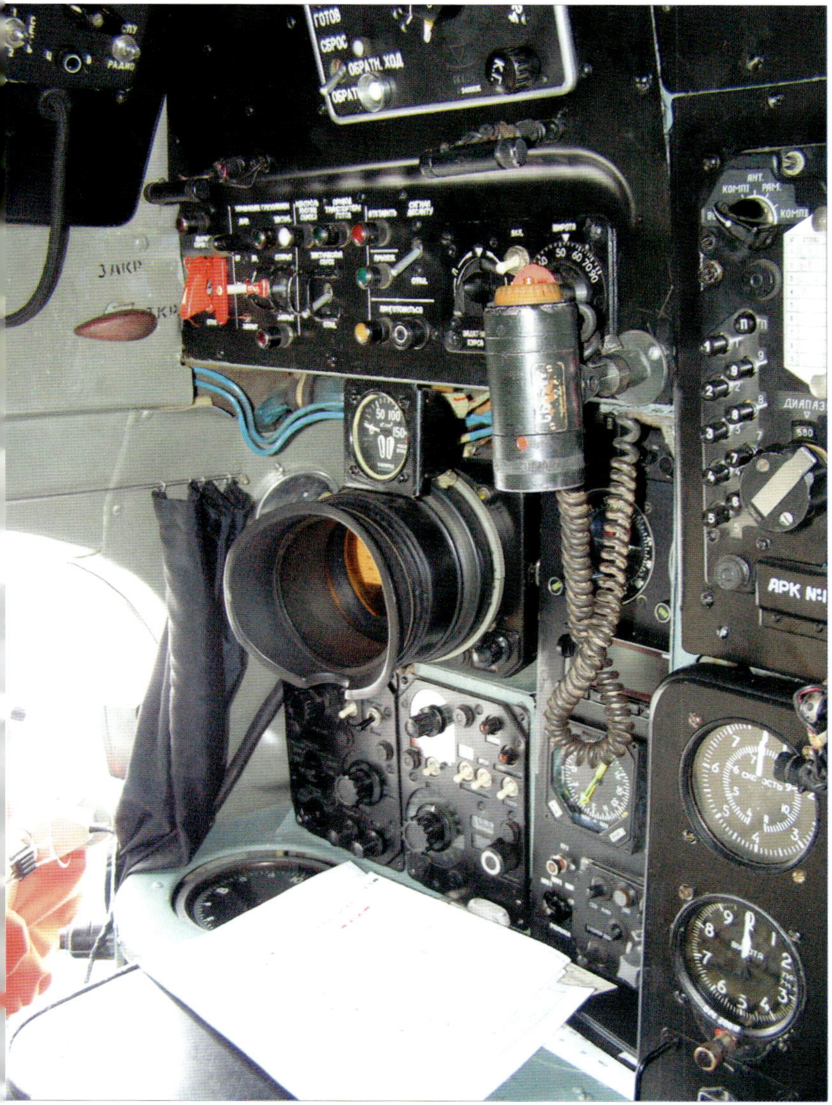
ГОТОВ
СБРОС
ОБРАТН. ХОД
АРК №1
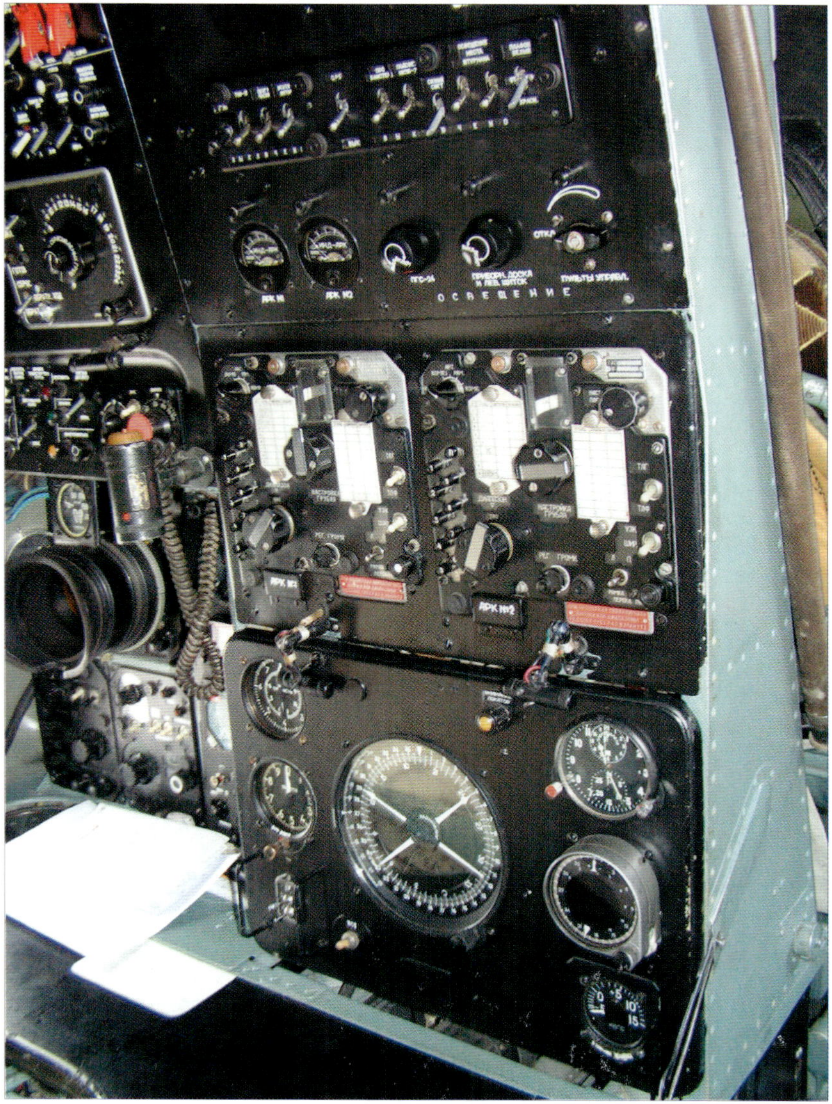
ОСВЕЩЕНИЕ
АРК №2

Cargo bay, oxygen bottles • Komora ładunkowo-transportowa, pokładowe butle tlenowe

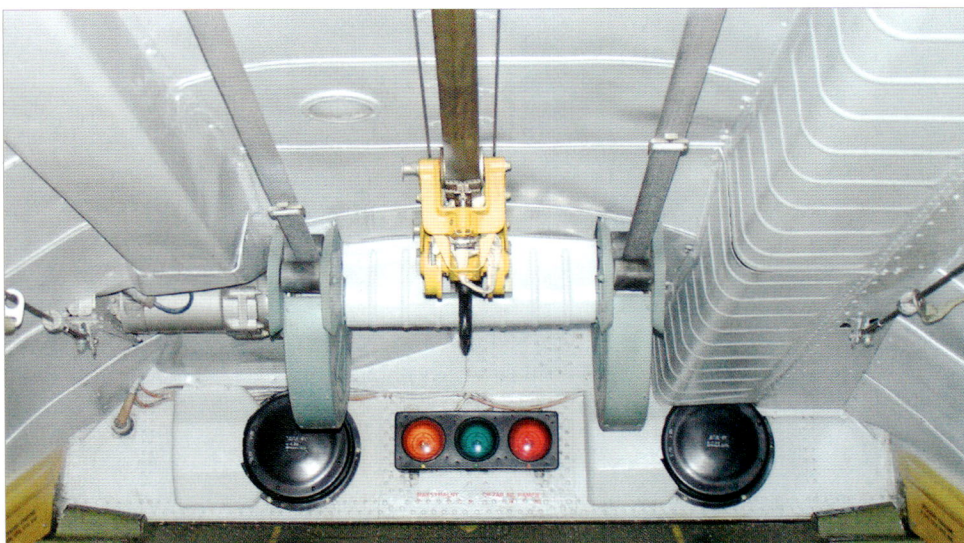

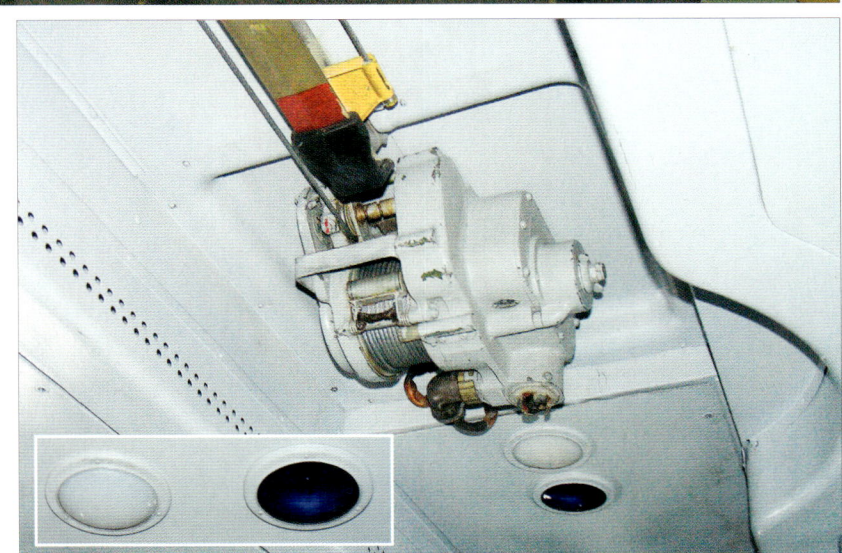

Details of
the onboard
winch •
Szczegóły
konstrukcji
dźwigu
suwnicy
pokładowej

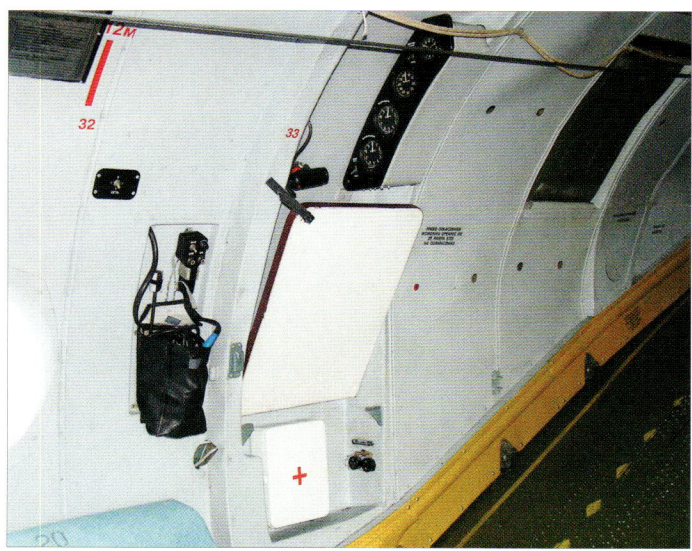

Altimeter, speed indicator and external temperature gauge; parachute drop light indicators; onboard mechanic's oxygen installation regulator • Wskaźniki wysokości i prędkości lotu oraz temperatury zewnętrznej, lampy desantu, reduktor tlenowy

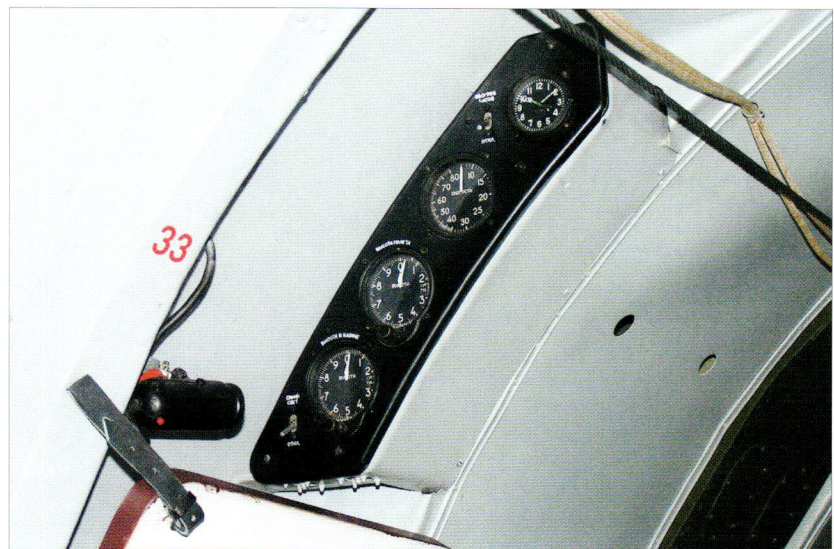

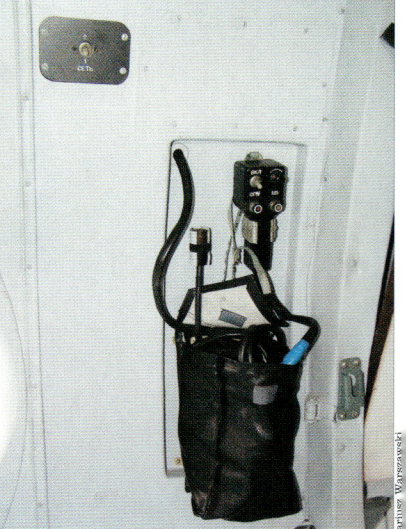

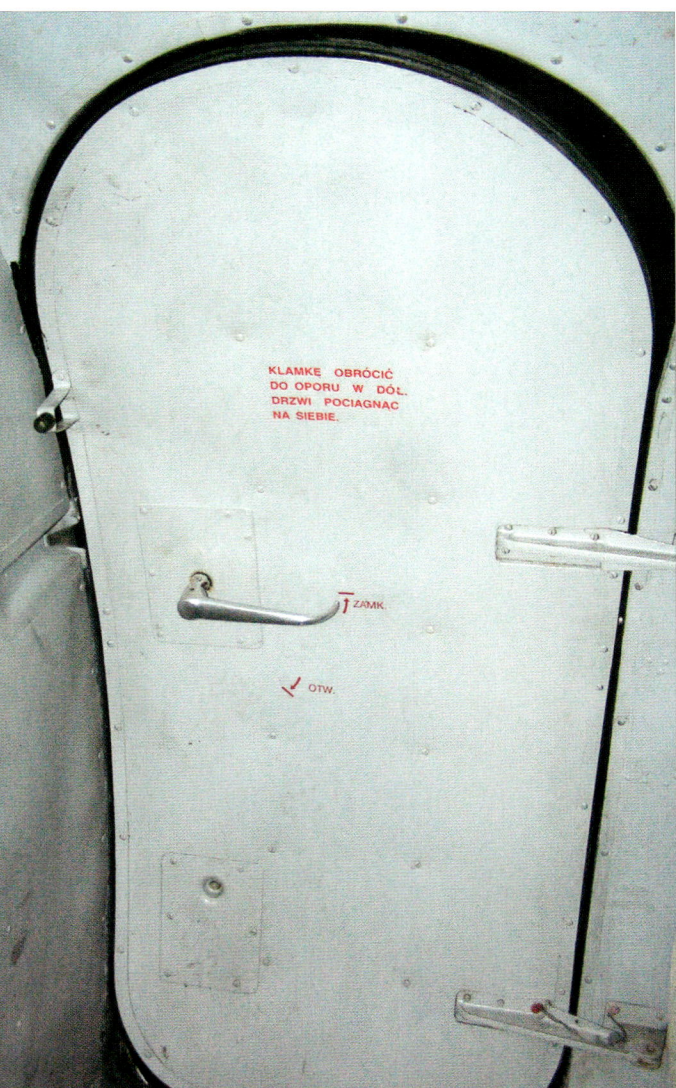

KLAMKĘ OBRÓCIĆ
DO OPORU W DÓŁ.
DRZWI POCIĄGNĄĆ
NA SIEBIE.

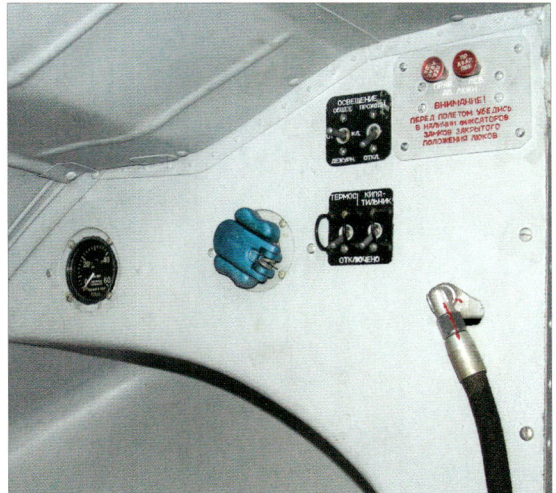

Fire extinguishers; entry hatch; emergency exit hatch •
Pokładowe gaśnice, drzwi wejściowe, luk awaryjnego
opuszczania samolotu

Details of the front landing gear • Szczegóły konstrukcji podwozia przedniego

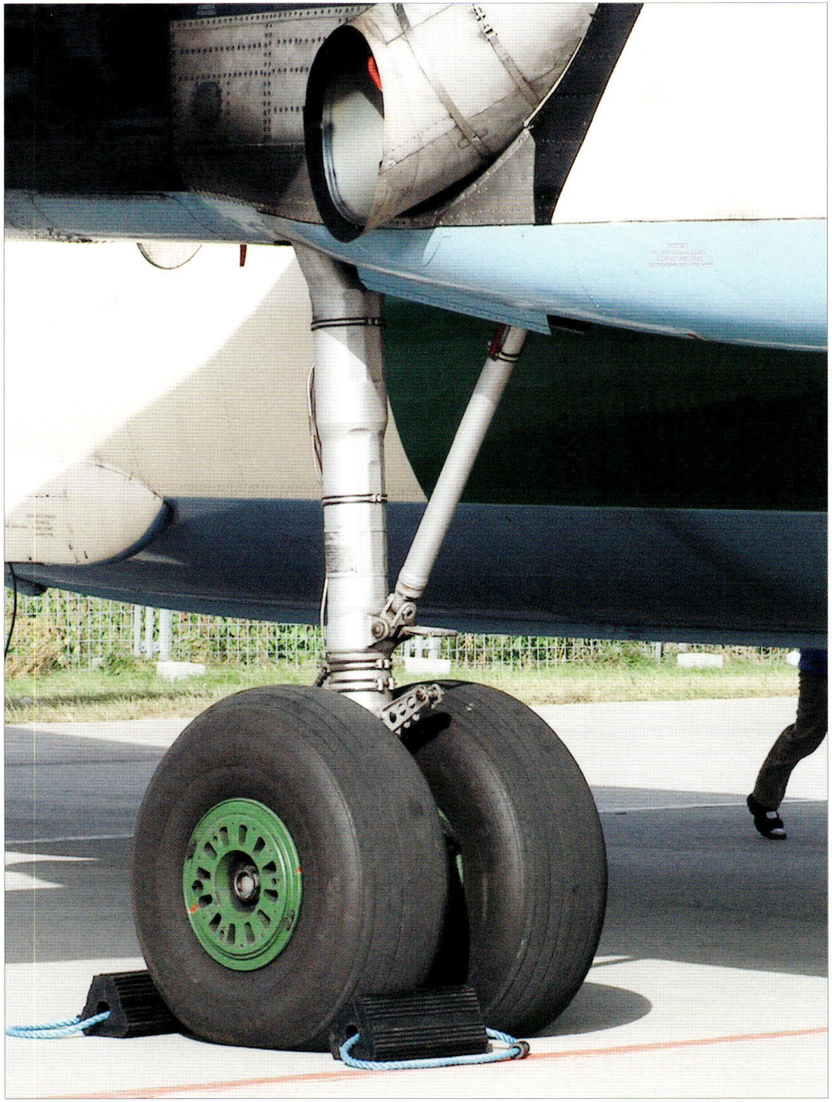

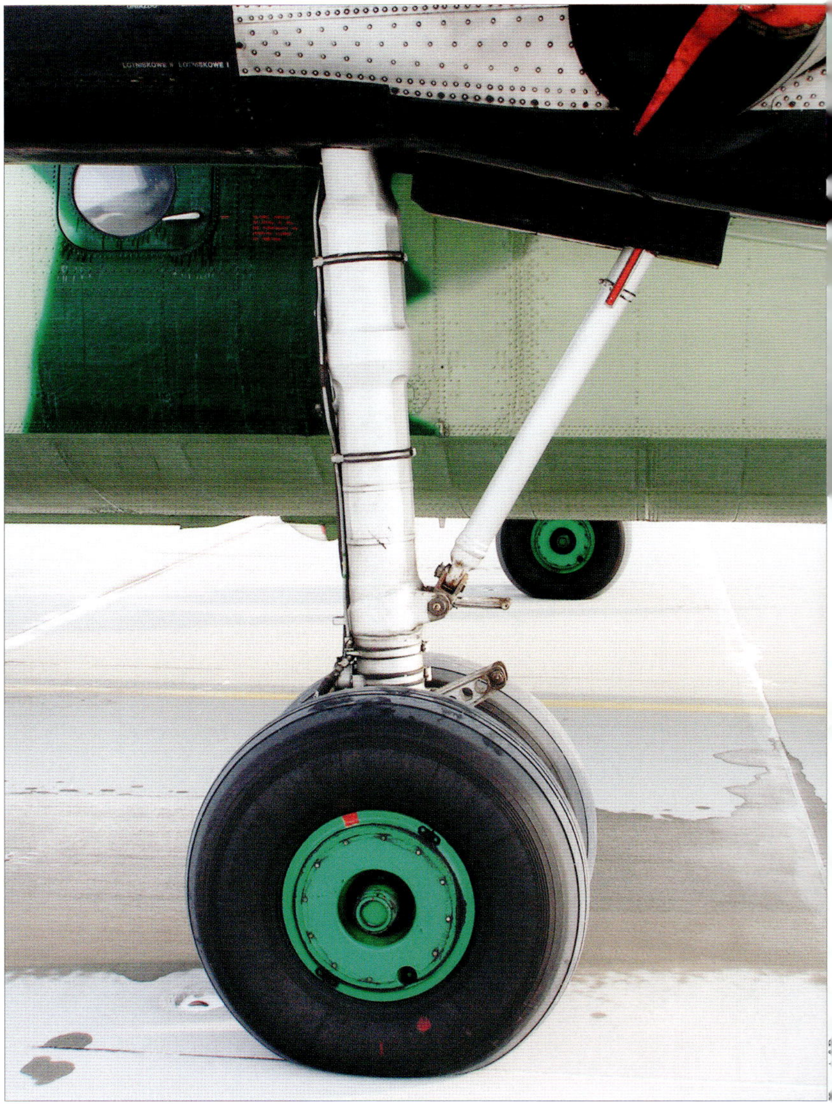

Details of
the main
landing gear
• Szczegóły
konstrukcji
podwozia
głównego

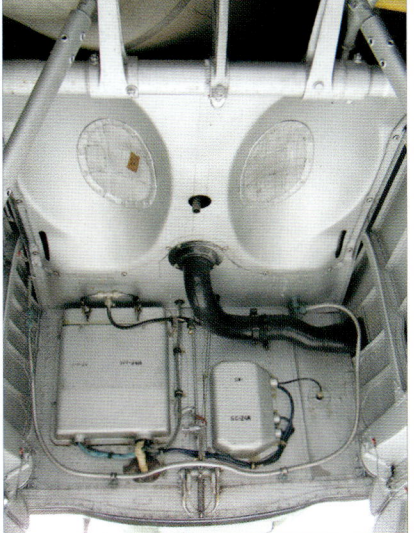

Main landing gear wheel wells • Odchylone pokrywy podwozia głównego

Dariusz Warszawski

Krzysztof Barcz

Starboard engine nacelle, which houses the AI-24WT main engine and the RU-19A-300 auxiliary engine • Prawa gondola silnikowa – mieści silnik główny AI-24WT i silnik pomocniczy RU-19A-300

Open AI-24WT engine cowling panels •
Otwarte pokrywy silnika AI-24WT

Open RU-19A-300 engine cowling panel • Otwarta pokrywa silnika pomocniczego-rozruchowego RU-19A-300

Four-bladed propeller • Łopaty śmigła silnika głównego

Tail end with open and closed cargo bay ramp • Część ogonowa z zamkniętą i otwartą rampą załadunkową

Antennas' mounts and Pitot tube • Anteny systemu łączności i zasadniczy odbiornik ciśnień powietrza

CHOP HERE WITH CRASH AXE
TU CIĄĆ

ZAMK
OTW.

External emergency exit hatch • Właz awaryjny od zewnątrz

EKSR signal flares' port • Rakietnice sygnaliza-cyjne EKSR

Anti-collision light • Światło antykolizyjne

External power source ports • Złącza zasilania naziemnego

PRĄDNICA
GNIAZDO LOTNISKOWE I

AKUMULATORY
GNIAZDO LOTNISKOWE II

TRAWERSA
PODWOZIA

PRĄDNICA
GNIAZDO LOTNISKOWE I

AKUMULATORY
GNIAZDO LOTNISKOWE II

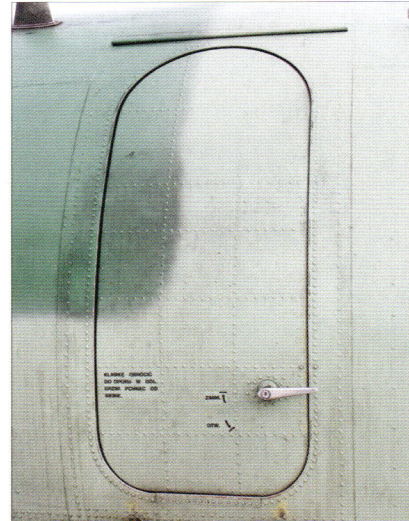

Basic technical data on An-26

Wingspan	29.20 m
Length	23.80 m
Height	8.60 m
Wing area	75 m²
Dry weight	16,914 kg
Take-off weight	24,000 kg
Max. speed	540 kph
Cruising speed	435 kph
Min. speed	165 kph
Climb rate	7.2 m/s
Service ceiling	7700 m
Range	1100 km

Pilots' cockpit door; auxiliary Pitot tube • Drzwi wejściowe do kabiny pilotów, awaryjny odbiornik ciśnień powietrza